ren koe

Christel van Bourgondie
met tekeningen van Josine van Schijndel

sterretjes

✈♫🌡✂🅮 Zwijsen

ren koen!

kijk!
daar is koen!
koen is bij een beek.
er is vis in de beek.
een vis met een vin.
maar ook een beer!
beer eet vis.
kijk koen!
ren koen!

koen is in een boot.
een boot in de beek.
er is ook een koe bij een dijk.
koe doet boe!

3

koen en pim

kijk, de zee!
vaar koen!
koen is een oen.
een boot ver in zee.
roep koen!

daar is pim.
'toe pim!'
'toe koen!
eet dit.'
pim eet kip en soep.
en kaas en koek.
koen eet noot en peer.
en room en een soes.
mmm, de soes is zoet.

4

koen en roes

daar is roes.
roes eet ook kip.
kijk, daar is een baas.
een baas met een sik.
de baas van roes.
baas is boos.
roes eet kip.
'nee, roes.'
baas doet roes zeer!

'nee, baas!'
koen is sip.
en pim ook.
'roes, ren.'
ren koen en ren pim!
baas is raar.
roes is zoet.
'poot, roes.'

koen en moos

koen, pim en roes zijn ver.
daar is een boom.
een boom in een bos.
een peer in de boom.
daar is moos.
moos en een pijp.
moos is rijk.
'neem maar een peer.
neem maar, koen en pim.'
en roes?
een been voor roes.

koen en sis

kijk, een maan.
een roos en een maan.
daar is sis.
pik een roos, koen.
een roos voor sis.
een zoen voor koen.
maar de roos is van moos.
moos is boos!

ren koen!
koen, neem sis mee.
ren koen!
ren sis!
kijk, daar zijn pim en roes.
ren, koen en sis.
ren, pim en roes.

koen en poes

daar is een poes.
poes eet een kip.
kip is dik.
kip voor roes?
een beet voor poes.
een tik voor roes.
'zit, roes.'
een poot voor poes.
een poot voor roes.
daar is een boer.
de baas van kip.
ren poes, ren roes!
ren koen en pim!
ren sis!

koen en koos

daar is een doos.
een doos voor koen en pim.
en voor sis, roes en poes.
er is een raam in de doos.
kijk, daar is een aap.
een aap bij een raam.
een aap met een naam.
koos!

koos met een roos.
een roos voor sis.
een vaas voor koen.
een pet voor pim.
een been voor roes.
en een kip voor poes.

kijk, koen!

zit, koen!
zit in de doos en kijk.
kijk naar een beek en een vis.
een beer en een boot.
pim en een soes.
een boom, een baas en roes.
een boom, een peer en moos.
een maan en een roos.
sis en een zoen.
een kip, poes en een boer.

kijk, koen.
kijk naar pim en sis.
kijk naar roes, poes en aap.
kijk koen en zit.
zit met pim, roes, sis, poes en koos!

sterretjes bij kern 4 van Veilig leren lezen

na 10 weken leesonderwijs

1. met pim naar tim
Anke Kranendonk en Hilde Jacobs

2. ren koen!
Christel van Bourgondië en Josine van Schijndel

3. ik ben een oen!
Nynke Klompmaker en Marijke Klompmaker